8° R
27366

Prince CZERNICHEFF

LE CULTE DU BEAU

THÉORIE MYSTIQUE

DES

PIERRES

PARIS
BIBLIOTHÈQUE DE LA REVUE " PSYCHÉ "
36, RUE DU BAC, 36

Théorie Mystique des Pierres

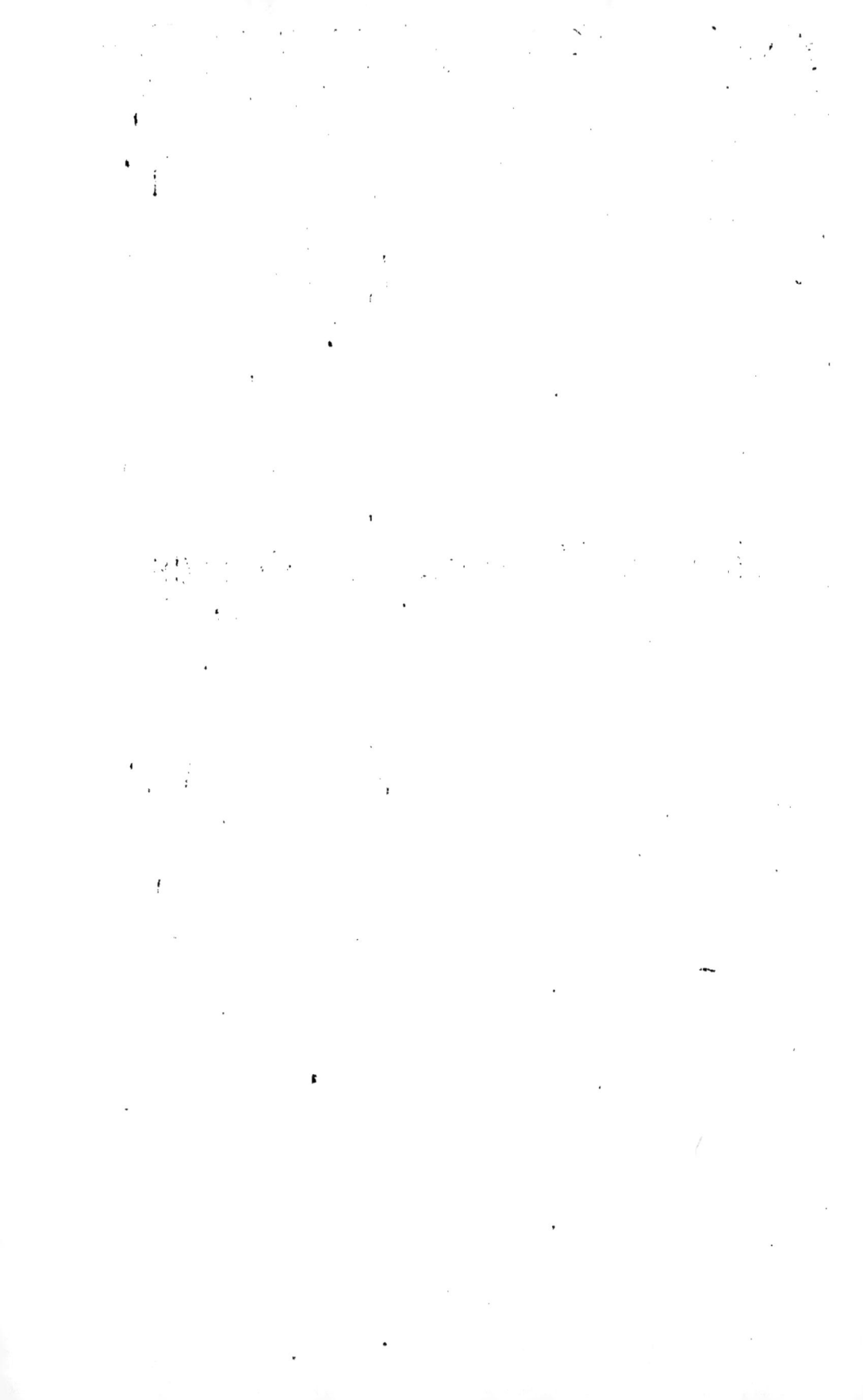

Prince CZERNICHEFF

LE CULTE DU BEAU

THÉORIE
MYSTIQUE
DES PIERRES

PARIS

BIBLIOTHÈQUE DE LA REVUE " PSYCHÉ "

36, Rue du Bac, 36

Le Culte du Beau

Il y aurait, si l'on veut, trois moyens d'activer efficacement l'évolution de l'humanité ; ce serait : la rattacher par le goût à la culture de la terre, génératrice nourricière et thérapeute si féconde en merveilles, l'arracher au continuel exemple de créatures aussi impures et cruelles que les bêtes, en lui apprenant à ne plus en dépendre, à s'en passer pour ses besoins, et combattre la perversité de son ardeur passionnelle par le développement, par l'affinement de sa faculté admirative, afin que le Beau idéal reproduit par les arts parvînt à acquérir la vertu de nous enthousiasmer bien plus que toutes les séductions ou les magnificences de la réalité qui agit matériellement sur les sens, afin que, sans faute, il pût venir un temps où l'amour tendrait le plus possible à s'identifier avec l'admiration d'une part et, de l'autre, avec cette amitié si odieusement profanée de nos jours en la pureté de son noble dévouement qu'alimente, que réchauffe, que soutient avant tout la confiance.

Du moment que la doctrine secrète de toutes les anciennes grandes religions nous interprète le sens ésotérique de la triade divine, conformément d'ailleurs à la primitive Trinité du dogme ou philosophème chrétien, par un Père (l'Eternel), une Mère (le Saint-Esprit figuré par une colombe, symbole oriental de la puissance féminine) et un Fils (incarné en Jésus-Christ), le Dieu unique et triun de l'infini ne nous inspirera le mieux une foi profonde et vive en lui qu'en se présentant à notre esprit dans la réalisation rêvée ou pressentie de la perfection qui réunit indivisiblement en soi le Bien, le Vrai et le Beau.

Or, le Vrai procédant tant du Beau que du Bien, celui-ci correspondrait à la personne ou hypostase, en style théologique, du Père, et celui-là à celle de la Mère.

Mais alors que le Bien prêché par la morale absorbe la philosophie et que les aspirations du progrès universel ne visent généralement que le Vrai, le Beau dont la conception devient toujours plus vague, le Beau que, de

plus en plus, les moralistes non moins que
les philosophes se plaisent à considérer
comme une vanité ou une illusion; se voit
en définitive sensiblement frustré dans la
part lui revenant du tribut payé à Dieu par
le travail de l'évolution humaine.

Il semblerait, hélas! qu'un des premiers
torts à relever dans la modernisation de la
sagesse antique fût en vérité le peu de cas
qu'elle fait du Beau dans le ternaire de la
perfection divine, dans ce ternaire de l'absolu
subjectif, actif et objectif qui équivaudrait
encore aux manifestations de la toute-puis-
sance par la pensée, le verbe et l'action ou
bien, dans la plus heureuse des allégories,
aux trois propriétés du feu : le calorique
ardent, la lumière et la chaleur.

Franchement, c'est à peine si le Beau y entre en ligne de compte, et encore, parmi
toutes ses si nombreuse modalités, est-ce à
la beauté morale que l'on assigne la place la
plus marquante, la plus en vue, la plus éle-
vée, et encore la lui donne-t-on avec une
préférence par trop écrasante.

Cependant, le Beau disposant, au point de
vue pratique, de beaucoup plus d'attrait que
le Vrai; il aurait aussi considérablement plus

de pouvoir pour transporter notre pensée
vers tout ce qui est au-dessus du terrestre,
vers tout ce qui lui est supérieur.

N'est-ce pas d'autant plus triste et regret-
table, d'autant plus déplorable, que le culte
du Beau suprême, celui de la Mère, étant
ainsi impénitemment, presque irrévérencieu-
sement, sinon, on ne peut plus ingratement
négligé, il s'en suit une conséquence très
funeste pour une importante majorité de la
race humaine qui s'attarde à demeurer dans
sa période d'enfance, pourtant spécialement
dépendante de l'influence maternelle...

Jésus en s'attendrissant d'extase devant
l'éblouissante splendeur des lis de la vallée,
Jésus en tolérant que la pécheresse repentie
répande sur lui, pour le parfumer de la tête
aux pieds et embaumer la maison où il repose,
une livre entière d'huile de nard pur, dont le
prix de trois cents deniers aurait pu être dis-
tribué aux pauvres par ce secours le plus pas-
sager et le moins solide qu'est de fait l'au-
mône, Jésus confirme, admet, confesse avec
le radieux éclat de son autorité, consécratrice
de ce qui est véritablement juste, l'insurmon-
table besoin que ressent ici-bas l'âme humaine
d'éprouver à un moment donné la sensation

du Beau ; car Jésus ne se trompe point pour reconnaître en elle une des plus réconfortantes et tout intimement, mystiquement vivifiantes ressouvenances du ciel.

En de rares occasions, cette sorte de vagues ressouvenances s'obtiennent par les efforts héroïques de l'idéalisme ; mais quant à lui qui, en théorie, ne diffère pas du songe, il ne devient efficace dans la satisfaction morale d'un délicat esthète qu'appliqué assez énergiquement à la pratique pour parvenir, quand bien même non sans peine, à rendre bienfaisant le Beau.

Théorie Mystique des Pierres

H. P. (Hélène Petrovna) Blavatsky aurait dû,
— si l'on savait encore être juste et qu'elle
ne fût pas originaire de Russie, — avoir sa
place bien marquée au tout premier rang
des plus nobles gloires féminines dont s'est
illustré le XIXᵉ siècle.

Tout à fait bien née, — car outre que son
père, le colonel de Hahn, appartenait à l'une
des plus vieilles, sinon même des plus illus-
tres familles des Provinces Baltiques, elle
avait eu pour aïeule paternelle une princesse
Dolgorouki, — jamais cependant, en sillon-
nant le monde dans tous les sens, elle ne
voulut apporter la moindre modification à
son type par trop pur ou achevé de la petite
provinciale russe; et c'est ce qui fit que
ses allures tranchèrent toujours assez défa-

vorablement sur celles de l'Europe occidentale. Passe pour ses cigarettes, passe
encore pour le fichu dont elle se coiffait de
préférence à un chapeau; mais la brusque-
rie, la rudesse, le sans-gêne du ton adopté
par elle pour formuler, un peu bien cavaliè-
rement, les dépitantes et amères vérités de
sa critique, ne pouvaient guère manquer de
produire pour la plupart du temps sur nous
— si l'on tient à préciser — une impression
choquante...

Aussi, pour prendre la revanche voulue
sur les mordantes attaques d'une femme
douée d'un génie réel, faisant crier au pro-
dige, nul n'aurait eu tort de renouveler, de
rajeunir à son adresse le mot sarcastique et
si fameux de Balzac visant George Sand :
« Trop de style et trop peu de culotte! »
De fait, par son caractère, H. P. B. était beaucoup mieux indiquée pour porter le costume
actuellement adopté par Mᵐᵉ Dieulafoy; mais
d'autre part elle châtiait moins — oh! combien — son style que n'avait fait la glorieuse
romancière, auteur d'*Indiana*.

Quant à ce qui est de moi, je reproche à
Mᵐᵉ Blavatsky d'avoir traité irrévérencieu-
sement saint Jean l'Evangéliste en écrivant
comme quoi, d'accord d'ailleurs avec la
Société Théosophique fondée par elle, elle

ne voulait pas croire à une Nouvelle Jérusalem « pavée », selon une description « ridicule », « de saphirs et de diamants », ni plus ni moins que « semblable à l'étalage d'un magasin de bijouterie ». Ce n'était point là, n'est-ce pas ? nous donner une imposante idée de la sagesse prêchée comme religion universelle par l'étincelante *authoress* d'*Isis Unveleid* et de *Secret Doctrin*, par la commentatrice si extraordinairement érudite du *Livre de Dzyan* et des préceptes pré-bouddhistes écrits en signes idéographiques dans la langue sacerdotale de Senzar, ce qui veut dire du « son muet » ou de la « voix dans le son spirituel ».

Ce trait railleur lancé contre le saint extatique de Patmos et tout ce mépris pour l'admiration des pierres précieuses ne prouveraient-ils pas que le savoir, consistant par trop spécialement en l'érudition, trahit quelquefois... de surprenantes, d'incroyables lacunes ? Ne suggèreraient-ils pas en même temps une réflexion telle que celle-ci : Dame ! il n'est vraiment pas possible de savoir tout, du tout au tout, par l'étude et l'on aime peu, en général, ce qui n'est pas catalogué dans le cadre de nos connaissances...

La vision d'une cité céleste avec des murs bâtis en ce que l'œil humain arriverait à

voir de plus magnifique comme pierres ne
me semble point une exagération plus har-
die que celle de choisir pour titre suprême
à Adi-Bouddha, Seigneur de tous les mys-
tères et Parabrahm des bouddhistes, si chers
à la géniale fondatrice de la Société Théosophique, le vocable *Vajrasattva*, « âme-dia-
mant », ou bien encore celle que fait, sans
y songer, la Kabbale en désignant le quatrième chœur d'anges par *Chashmalim* vou-
lant dire « qui brillent avec l'éclat du diamant ».

*
* *

La pierre, symbole de la solidité et témoin du passé le plus reculé, fut l'objet d'une science occulte que n'ignoraient les initiés d'aucune religion ni d'aucune philosophie des anciens.

Malheureusement, toutes les clefs en ont été perdues depuis que les gardiens attitrés de la tradition se livrèrent par goût à l'ignorance; car peut-on accepter autrement que sous bénéfice d'inventaire les ouvrages apocryphes du moyen âge qui s'occupaient de ce sujet?

On a conservé quelques notions sur l'art divinatoire de la lécanomancie; la lithologie demeure la branche la plus passionnante de la minéralogie; des tentatives ont été faites par la lapidothérapie pour utiliser les diverses propriétés des pierres précieuses au profit de la thérapeutique.

Mais à qui, on se le demande, confierions-nous le travail de reconstituer en entier l'antique science des pierres? Les Américains eussent trop visé à la moderniser pour consulter consciencieusement les sources les plus anciennes d'Europe et d'Asie. Les mages d'aujourd'hui se fussent contentés de puiser dans leur fantaisie, aussi vagabonde que circonscrite en ses horizons, ce que seules des recherches patientes et ardues leur eussent laissé découvrir de cette science. Pour ce qui est des savants officiels, eût-on jamais pu s'attendre à ce qu'ils y laissassent quelque faible trace du côté magique, l'essentiel de la chose ?...

⁂

Toujours est-il que la figure allégorique de la pierre joue un rôle fort en relief dans les prophéties de la Bible.

Les évangiles (Matthieu XXI, 42; Marc XII, 10; Luc XX, 17; Actes IV, 11) s'accordent mieux que sur d'autres points pour témoigner que Jésus-Christ rappela à ses disciples ces paroles s'appliquant à lui-même et qui sont de David :

« La pierre que ceux qui bâtissaient ont re-« jetée est devenue la principale pierre de « l'angle » (Psaume CXVII, 22).

Isaïe (XXVIII, 16) revêt d'une forme différente la même prophétie que saint Pierre (I Epître II, 5, 6, 7) rend en ces termes-ci :

« Vous aussi, comme des pierres vivantes, « vous entrez dans la structure de l'édifice « pour être une maison spirituelle ».

C'est pourquoi il est dit dans l'Ecriture : « Voici, je mets en Sion la principale pierre

« de l'angle, choisie et précieuse, et, qui
« croira en elle, ne sera pas confus ».

« Vous en recevrez donc l'honneur, vous
« qui croyez, mais, pour les incrédules, la
« pierre que ceux qui bâtissaient ont rejetée
« est devenue la principale pierre de l'angle,
« et une pierre d'achoppement, et une pierre
« de chute ».

A son tour, saint Paul emprunte des cita-
tions identiques au livre du premier des
grands prophètes (Romains IX, 33 ; Ephé-
siens II, 20).

Saint Jean-Baptiste, en exhortant à la pé-
nitence sur les bords du Jourdain, prêchait
ainsi :

« Car je vous dis que Dieu peut faire, de
ces pierres mêmes, des enfants d'Abraham »
(Luc III, 18).

Dans un des chapitres suivants de saint
Luc (XIX, 40), où nous voyons relatés les
hosannas qui accueillaient le Christ entrant,
monté sur un ânon, dans Jérusalem, on
trouve ceci :

Jésus, répondant, leur dit : « Je vous dis
« que si ceux-ci se taisent, les pierres
« mêmes crieront ».

Et lorsque le pêcheur Simon-Bar-Jona
(fils de Jona) fut le premier, parmi les apô-

tres, à reconnaître le Messie dans Jésus, en s'écriant à ses pieds :

« Tu es le Christ (oint du Seigneur), le « Fils du Dieu vivant ».

Son nouveau maître lui répondit :

« Et moi je te dis que tu es pierre et que « sur cette pierre je bâtirai mon Eglise » (fonderai, établirai ma communauté, *Gemeine*, d'après Luther).

Un évangile subséquent (Jean II, 42) fait la citation bien plus simplement de la sorte :

« Tu es Simon Bar-Jona : tu seras appelé « Céphas ».

Peut-être ne jugera-t-on pas inopportun de nous laisser rappeler ici que tout le Nouveau Testament fut écrit en grec, et que, par contre, Jésus-Christ n'a fait usage ni de cette langue, ni de l'hébreu, mais d'un dialecte araméen, espèce de patois détaché de l'idiome syriaque avec un sensible mélange de chaldéen et parlé à cette époque dans tout l'Aram, le « pays élevé » de la Syrie, par opposition à Canaan, le « pays bas ». Or, en araméen, le nom qui fut prononcé en latin Céphas était *Képha* ou même mieux *Kipha*, et signifiait plutôt « rocher pétré » que « pierre », comme nous disons Arabie pétrée, parce qu'elle est rocheuse.

Tout idiome a de ces légères singularités.

En voici une autre. Dans les langues sémitiques, le mot *aben* qui veut dire « fils », quand, de même que *bar*, il précède le prénom (Aben-Ezra, en hébreu; Aben-Zoar, en arabe), signifie aussi « pierre » en étant placé avant le nom d'une localité, comme dans Aben-Ezer, le lieu de la Terre-Sainte d'où les Philistins enlevèrent l'arche sacrée.

Mais, comme conclusion, traduit en latin pour le nom nouveau de Simon par *Petrus*, le mot syro-chaldéen *Kipha* devint Pierre en français.

Il est assez divertissant de faire voir, à ce propos, avec quelle désinvolture l'Eglise qui, précisément, se croit fondée sur le *Kipha* araméen arrange les choses à sa propre guise.

Le fait est que, dans les Epîtres de saint Paul, Pierre étant désigné par Céphas et naturellement sans jamais y être traité en chef de l'Eglise, au contraire, cité tantôt après Jacques, presque comme son inférieur, tantôt après le bien peu connu Apollos, les papes formalisés de ce manque de vénération convenue ou prescrite, un de ces manques sensibles dont quelques fidèles attentifs au texte de l'Ecriture eussent pu se scandaliser, firent porter Céphas — celui-là même dans lequel le grand apôtre des « enfants de la nuit » in-

diquait Pierre — sur la liste des soixante-
dix disciples du Christ, par conséquent
comme un tout différent personnage...

Et voilà comment on écrit l'histoire !

. ..

Pour en revenir plus spécialement aux
pierres, il est dit dans l'Exode (XXVIII, 17,
20; XXXIX, 9, 12) que Moïse, sur l'ordre
formel de Jéhovah, fit faire à Aaron un ra·
tional, ornement pectoral de grand-prêtre,
mais reproduisant assez exactement celui
des pharaons, et dont la partie principale,
appelée *urim* (lumière), devint un objet à un
tel point sacré que, dans ses attributions
reconnues miraculeuses, il servit à consulter
l'Eternel. En or pur, ce rational, de forme
carrée, était enrichi de douze splendides
pierres précieuses disposées par trois en
quatre rangs.

Seulement, combien n'est-il pas à déplo-
rer que les versions les plus usitées de l'Ancien Testament, celles des Septante, de la
Vulgate, de Luther et d'Osterwald soient
très contradictoires, touchant la dénomination de ces gemmes. L'Italien a parfaitement

raison de dire : *Traduttore traditore*. La négligence et l'ignorance aussi dont se ressent la traduction des livres saints, dépassent les limites.

C'est ainsi que la Vulgate nous mentionne, parmi les douze gemmes en cause, un sartis, un pyrope, un ligure et un tharsis, série de noms qui ne permettent pas de nous former une idée de ces pierres.

Les Septante ont traduit sartis par rubis, et il se pourrait bien qu'ils fussent dans le vrai; alors que Luther en fait une sardoine, comme il fait aussi de tharsis une turquoise (*Türkis*), ce qui, pour le coup, n'est point du tout admissible.

De même que la sardonyx et la sardachate, la sardoine, une agate calcédoine d'une nuance orange panachée de jaune, de roussâtre et de brun, tire la première moitié de son nom d'une pierre appelée en latin *sarda*, et la désinence de l'onyx. Bien que très appréciée, entre autres, par Polycrate, le fastueux tyran crucifié de Samos et par un personnage bien plus célèbre encore, Scipion l'Africain, ce n'a jamais été une pierre hyaline.

Point ne l'est non plus la turquoise, pierre fine fort admirée dans l'azur de sa teinte, mais qui n'est que du cuivre hydraté opaque.

Le tharsis devait être un béryl, aigue-marine d'un bleu cérulé, moins vitreux que celui du saphir d'Expailly.

Quant au pyrope, on veut généralement voir en lui l'escarboucle, le lithizonthos de l'antiquité grecque, une gemme pouvant, par l'éclat de son rouge écarlate, faire parfois concurrence au rubis d'Orient. Employée pour former les yeux aux idoles en or, l'escarboucle fut longtemps, jusque dans le moyen âge, l'objet d'une vénération superstitieuse ; passant pour être lumineuse la nuit, elle était, croyait-on, à même de l'éclairer.

Enfin, le ligure n'est, suivant les Septante, que l'actuelle hyacinthe d'Orient appelée mélonite dans sa variété d'une teinte grisâtre et que, dans sa couleur naturelle d'or fin cristallin, il ne faut pas confondre avec la vermeille occidentale, une télésie, ni avec le zircon d'Allemagne.

***

Tout bien considéré, la diaphanéité et la fluorescence qui distinguent les plus belles des pierres précieuses orientales, telles que sont les gemmes proprement dites, devaient constituer nécessairement la principale propriété commune à toutes les douze pierres, sinon leur harmonie eût souffert d'une trop tranchante différence, tant dans l'effet produit par elles isolément, que dans leur valeur marchande. Et puisque l'ornement pectoral, d'institution divine, est représenté comme une merveille artistique, le goût s'opposait à ce qu'il y eût trop de bigarrures ou même une répétition de couleurs, d'autant que chaque pierre portait, gravée à sa surface, le nom d'une des tribus d'Israël et que, de plus, elle avait été très soigneusement choisie pour correspondre aux attributions de telle ou telle tribu, selon la vertu magique que la science sacrée reconnaissait à cette pierre.

1**

Il est donc à présumer que les douze gemmes aient offert exactement les douze demi-tons de la gamme chromatique formée par l'iris du spectre solaire. De semblables douze pierres précieuses se laisseraient facilement reconnaître dans le nombre des gemmes d'Orient connues de l'antiquité.

Toutefois, les versions bibliques ne s'entendent complètement que pour assigner la deuxième place à la topaze, la troisième à l'émeraude, la cinquième au saphir, la septième au ligure retrouvé dans l'hyacinthe, la huitième à l'agate, la neuvième à l'améthyste et la onzième à l'onyx.

Mais pour l'agate et l'onyx, c'est encore le cas de la sardoine et de la turquoise; ils ne comptent point parmi les gemmes.

L'onyx est une variété de calcédoine, à peine translucide, n'ayant une valeur relativement supérieure que sous la forme de l'agate-onyx à bandes circulaires et qui, sous celle qu'il nous est maintenant donné de voir, s'approche de l'albâtre d'Egypte ou de la madre dont on faisait, au moyen âge, des hanaps.

Probablement le nom d'onyx, auquel on accole volontiers le surnom d'« enfant du soleil », à cause d'une couleur jaune voyante, fut porté autrefois par une pierre de beau-

coup plus précieuse. La Genèse nous
apprend que l'on trouvait une pierre de ce
nom au milieu de l'or charrié par le Phison,
le premier des quatre fleuves qui, dans
l'Eden, coulaient autour du pays d'Hévilat.
Il s'agirait alors, semblerait-il, du Phase,
aujourd'hui Fachs ou Riom, rivière des bords
de laquelle nous sont venus les faisans et
qui avait, en effet, roulé des paillettes d'or,
tout autant peut-être que, depuis, a fait le
Tage, mais sans nul doute bien moins que le
Pactole de Crésus, rivière de Lydie, actuellement Sart ou Bagoulat. Cet onyx ancien
ne faisait-il pas partie des gemmes dénommées chrysolithes ?

Il est vrai que, primitivement, les Grecs
donnaient ce nom signifiant « pierre d'or »
à toutes les pierres précieuses brillantes,
tandis que la minéralogie moderne entend
par la chrysolithe de Sibérie, une topaze,
par celle dite « des volcans », un péridot
vert jaunâtre et par la chrysolite chatoyante
du Brésil, une cymophane (lumière flot-
tante) d'un jaune teinté de vert.

Avec une légère altération de l'orthogra-
phe, la chrysalithe est une pierre à reflets
jaune et fer comme la corne d'Ammon.

Le nom de l'agate provient d'Achates,

celui d'une rivière en Sicile, d'où ces pierres
fines furent retirées en tout premier lieu,
pour ce qui touche l'Europe. Remarquable-
ment belles peuvent être les variétés de
l'agate orientale, de la rose à la saphirine,
en passant par l'hémachate blanche, veinée
de rouge, la chrysoprase d'un vert pomme,
l'héliotrope vert mousse, la pantachate tigrée,
la crapaudine (dite « œil de serpent »), grisâtre comme la memphite d'Arabie, la cépite
formée, tel un oignon, de couches concen-
triques et la cornaline d'un rouge carnicin,
avec une translucidité cornée. Mais elle n'en
demeure pas moins transparente qu'à demi.

En conséquence, prise pour une autre
par le traducteur, cette pierre demande également à être remplacée. Ne devrait-ce pas
se faire par la tourmaline, différant de couleur, suivant le pays d'où on se la procure
et que l'on appelle aphrizite, lorsqu'elle est
noire.

Au Brésil, elle tient aussi bien du saphir
que de l'émeraude ; à Ceylan, soit du spinelle, soit du péridot quand sa teinte est
verdâtre, comme celle de l'allochroïte nor-
végienne. Cependant, avec cette teinte-là,
elle peut n'être encore qu'un aimant, lequel,
échauffé, s'électrise et a servi d'héraclion,
de pierre de touche ; ou bien serait-il plus

juste de dire que, dans la terminologie des lapidaires, l'aimant de Ceylan appartient aux tourmalines.

L'aimant ou pierre d'aimant, lequel, par contraction du grec *adamas*, *adamantos*, l'«indomptable», porte la même dénomination que le diamant, fut pris très vraisemblablement pour celui-ci chez les Hellènes.

Le diamant ne devant l'éclat de son iridation, supérieure à tout autre, qu'à l'égrisage, qu'à la manière actuelle de le tailler, à l'aide de poussières, en brillant ou en rose, en polyèdre jusqu'à dix-huit facettes, avec table, culasse, feuilletis et dentelle, il n'a pu être connu sous cet aspect que depuis Charles le Téméraire, duc de Bourgogne, qui en avait acheté un, — le premier spécimen, prétend-on, — à l'inventeur de cette taille, Louis de Berquem (van Bergen), un jeune bourgeois de Bruges. On a lieu de croire qu'il est question du diamant surnommé, depuis, le Sancy ou « Miroir du Portugal » et ayant fait partie des trésors de Mazarin.

Quant à l'aimant, l'auteur des *Lithiaques*, un livre fabuleusement attribué à Orphée, le désigne par *sidérités*, mot dérivant de «fer», et prête à cette pierre noire, circulairement ridée, le don de la parole prophétique... Le mythe soutient que la même pierre, expres-

sément utilisée pour la divination, avait été
reçue d'Apollon par Hélénus.

Il paraît, en tout cas, fort étrange qu'Osterwald ait tenu à désigner la gemme à
laquelle les autres traducteurs ont assigné,
sous le nom de diamant, la sixième place
dans le rational d'Aaron par jaspe, tandis
qu'il traduit par béryl ce nom-ci, sous
lequel les autres versions présentent la
gemme y occupant la douzième place.

Le jaspe, en grec *iaspis*, en hébreu
iashpeh, est pour nous une pierre fine d'un
beau poli terne et de la nature de l'agate,
mais plus opaque. Classé par sa valeur, inférieure à celle du jade, entre le lapis-lazuli
et le porphyre, il produit, bien travaillé,
beaucoup d'effet, sous la forme d'un vase de
couleur éburnéenne, purpurine, nacarat,
veinée de rouge, panachée ou fleurie et plus
rarement verte, alors qu'il est appelé jaspachate.

*
* *

Eh bien, saint Jean Boanergès, si dédai-
gneusement satirisé par l'émule en fichu
des mahâtmâs thibétains, a cru, en connais-
sance de cause, devoir mettre cette pierre
au-dessus de toutes les gemmes, ce qui ne se
laisserait expliquer que par une évidente
confusion au sujet des noms.

Dans l'avant-dernier chapitre de l'Apocalypse (XXI, 11, 18-21), il est dit textuelle-
ment ceci :

Et elle (la cité céleste, la sainte Jérusalem)
avait au milieu d'elle la gloire de Dieu, et
sa lumière était semblable à une pierre très
précieuse (selon Luther, la plus précieuse,
aller edelste), telle qu'une pierre de jaspe,
transparente comme du cristal (commé du
clair cristel).

La muraille était bâtie de jaspe : mais la
ville était d'un or pur semblable à un verre
fort clair.

Et les fondements de la muraille étaient
ornés de toutes sortes de pierres précieuses.

Le premier fondement était de jaspe; le second, de saphir; le troisième, de calcédoine; le quatrième, d'émeraude; le cinquième, de sardonyx; le sixième, de sardoine (sartis); le septième, de chrysolithe; le huitième, de béryl; le neuvième, de topaze; le dizième, de chrysoprase; le onzième, d'hyacinthe, et le douzième, d'améthyste (1).

Pas même un instant il ne faut hésiter à conclure que, dans la version d'après le texte grec, par le jaspe cristallin, éblouissant et si haut prisé, il importe d'entendre le diamant, puisque les anciens connaissaient celui-ci et que, cela est certain, ils ne pouvaient trouver une gemme d'un resplendissement supérieur, ni égal.

La distribution du fils de Zébédée diffère radicalement de celle de Moïse, bien que le plus mystique des évangélistes semble établir quand même une significative correspondance entre son assortiment de pierres précieuses et celui du rational, une correspondance comprenant, avec le nombre duodécimal, le fait encore plus caractéristique

(1) Bien des siècles avant la vision de Patmos, Tobie dit dans son Cantique (XIII, 20) :

Les portes de Jérusalem seront en émeraude, et en pierres précieuses ses murs tout autour.

que chacune des pierres dures portait le nom gravé d'une tribu d'Israël.

Si l'on s'expose le moins à se tromper en substituant ici derechef le rubis à la sardoine appelée par Luther sartis, que tout aussi exactement par chrysoprase, — ce qui fait naître une idée pour un autre remplacement de l'agate dans le joyau du reliquaire mosaïque, — que par la chrysoprase soit bien entendue celle qui, spécifiée par « chatoyante d'Orient », n'offre pas une agate, mais une topaze à reflets smaragdins.

En fait, la topaze d'Orient que l'on allait chercher sur une île de la Mer Rouge n'était pas une ochrolithe, mais une pierre verte ; et, selon le classement adopté autrefois, la gemme à l'éblouissante couleur d'or qui nous ravit dans la topaze moderne ne devait appartenir qu'à une variété de leucolithes pareilles à celles d'Altemberg ou de Mauléon, si ce n'est rentrer simplement dans le nombre des chrysolithes jaunes ou même de grenats topazolithes.

Toutes les autres pierres composant les fondements de la muraille céleste méritent effectivement la qualification de gemmes, sauf pourtant la calcédoine et la sardonyx, que nous allons chercher encore à remplacer.

L'escarboucle, cette fois omise, nous paraît être toute trouvée pour une substitution à la sardonyx, calcédoine à fond rouge ; mais à la place de la calcédoine qui, au travers d'une surface laiteuse, ne réussit à lancer que de ternes opalescences, il serait le plus juste de mettre une des si diverses tourmalines.

Dans tous les cas, il ne conviendrait point de recourir par cette substitution à l'électrum dont, à un degré fort élevé, l'antiquité subissait le prestige.

Substance d'origine végétale dans laquelle on a découvert en premier lieu l'électricité, ce n'était guère autre chose que le succin ou carabé, vulgairement appelé ambre jaune, et que, d'une belle qualité, l'on va chercher parmi les herbes marines sur les côtes de la Baltique. Confondu avec le jais, quand il lui arrive d'être noir, il s'est fait, sous cette teinte, attribuer par les Islandais des propriétés surnaturelles.

Admettons enfin que la prétendue calcédoine fût quelque pierre disparue de la circulation ou n'ayant plus, dans les mines qui nous fournissent ses pareilles, l'éclat de celles que procuraient les mines épuisées ou abandonnées en Orient.

Savons-nous comment, entre une foule

d'autres que nous mentionnent les anciens, nous serions dans le vrai pour nous représenter la linurge qui blanchissait enveloppée d'un linge et se cachait dans le lit du fleuve Archéloüs, selon la mythologie, père des sirènes, ou bien la quirime, toutes deux possédant, nous assure-t-on, des vertus divinatoires et miraculeuses jusqu'à faire dire à tout homme sa pensée ?... Quelle idée sommes-nous fondés à nous faire de la pierre d'hyène, douée aussi d'un pouvoir merveilleux que vante Pline l'Ancien ? Et qu'entendait-on soit par la garachide, soit par la leucogée ou par la leuchachate ? Et qu'était-ce seulement que l'argyrite ou la fulgurite ? Sait-on même quelle apparence avaient les pierres de Médie, auxquelles on reconnaissait avec tant d'autres vertus magiques, celle de guérir la cécité ?...

Ce qui pourtant ne souffre pas de doute, c'est que ces pierres antiques n'étaient à même d'étaler à l'enchantement des yeux que les couleurs à nous connues. Il n'y a pas d'autres tons dans l'échelle du spectre solaire.

Pour la solution du problème qui se pose sur tous ces points, nous nous heurtons une fois de plus à une question de nomenclature qui présentait toujours de fastidieuses

difficultés dans une traduction très fidèle et
à plus forte raison dans celle de la langue
si complexement mélangée d'Ezdras.

Après tout, on serait même assez embar-
rassé pour préciser quelles étaient jadis les
gemmes le plus universellement appré-
ciées, alors que, dans le siècle où nous
vivons, le monde de l'opulence, du luxe, de
la suprême élégance n'est engoué que de
quatre d'entre elles : le diamant, le rubis,
le saphir et l'émeraude, avec cela non sans
dissimuler qu'en toute sincérité il leur pré-
fère la perle faisant partie des zoominéraux,
mais que Dioscoride prenait pour une larme
d'étoile, la perle, ce diamant de la mer, dont
l'orient est en effet iridescent, jusqu'à se
montrer lumineux.

En ce qui concerne le diamant, peut-être
les explications ci-dessus suffisent-elles.

C'est de saphir, en hébreu : la « plus belle
chose », que, selon les rabbins, étaient
faites la verge de Moïse et les tables par lui
rapportées du mont Sinaï. Un saphir aussi

formait, dans la vision d'Ezéchiel, le trône de l'Eternel. Dans ce cas, il serait bien difficile d'admettre que sous ce nom fût désignée une gemme identique à celles qui, provenant de l'Oural, de Ceylan, d'Ava, du Pégu et du Chili, enrichissent de plus en plus nos joailliers. Notre saphir ne se signale par un ton superbement indigo que lorsqu'il est dit « mâle »; et « femelle », il reluit d'un bleu azurin.

Mais bien que telle soit dans la Bible la pierre précieuse sacrée par excellence, pour le fameux sceau magique de Salomon, monarque détenant dans les fastes du passé le record de la magnificence, fut choisie l'émeraude, comme ce fut aussi le cas pour la table d'Hermès Trismégiste.

Actuellement, c'est de la Colombie et du Pérou que nous viennent les plus admirables variétés de cette gemme, doyenne des pierres précieuses dites « smaragdo-prases » : mélites, limoniates, morillons de Carthagène, chrysoprases chatoyantes ou opaques, tourmalines, péridots, olivines, héliotropes, jaspachates, malachites, ophites, amazonites, etc.

Dans sa vogue, elle cède, néanmoins, le pas au rubis. Et ce nom-là, chez les Hindous, était généralement, indistinctement

donné aux gemmes, tout comme chez les
Grecs, nous l'avons dit, celui de chrysolithe.
A l'émeraude se rapportait un rubis vert;
à la topaze, un rubis jaune. La teinte d'un
rouge de sang pur, de cinabre ou de coche-
nille, permet de reconnaître le véritable
rubis d'Orient, celui de Birmanie. Extrê-
mement rare, il atteint alors des prix exor-
bitants. Plus répandus, quoique très re-
cherchés aussi, sont ceux que l'on appelle :
spinelle, d'une nuance vineuse, jaunâtre,
et donnant dans le rouge indien de l'alma-
gra; moins beau, d'un rouge vinaigre,
presque rose-groseille, balais, et, plutôt
rubescent que rouge, rubace ou rubicelle.

Quand le rubis n'est pas d'une beauté
exceptionnelle et vient d'Europe, on le con-
fond aisément tant avec le grenat, dit du
reste « rubis de Bohême ou de Hongrie »,
qu'avec la sanguine, la sibérite, la rubellite,
l'automalithe, la céramite, la gahnite, la
compostelle et même la commingtonite.

Au choix de quatre gemmes entre toutes
celles d'Orient sont le plus particulièrement redevables nos commerçants : joailliers, bijoutiers, lapidaires professionnels
et courtiers en pierres précieuses ; car le
monde, qui n'y tient que par une si ruineuse
mode, ne fait que se porter préjudice en

méprisant tant d'autres gemmes bien moins coûteuses.

Toute nuance du prisme correspondant à une des pierres de couleur, il y a, abstraction faite du rubis, du saphir et de l'émeraude : l'améthyste qui, produite par l'Oural, se montre tout extraordinairement belle et, quand son violet foncé chatoie entre les feux d'un rose de bruyère et d'un bleu électrique, elle semble destinée à un ornement aussi avantageux que décoratif pour une blonde; la topaze, dont une des plus fines variétés porte le nom de schorlite, et qui de son jaune d'or le plus vif relèverait, au contraire, la beauté de la brune; l'hyacinthe, réellement la plus étincelante parmi les gemmes colorées, lorsque sertie de brillants elle éblouit par ses tons de mandarine sanguine, d'un orangé tirant sur le rouge giroflée; et puis le béryl ou aigue-marine, alors que celle-ci, habituellement d'un pers très pâle, se présente d'un bleu de turquoise diaphane.

⁂

De nos jours, s'il fallait composer tout en gemmes d'Orient un joyau tel que le rational décrit dans la Genèse, on serait guidé non point par leurs attributions occultes, ignorées de nous, mais plutôt par la correspondance de leurs couleurs aux signes du zodiaque.

On aurait commencé par le rouge avec une escarboucle, puis pris successivement : un spinelle, une hyacinte, une topaze foncée donnant dans le maïs, une chrysolite claire d'une nuance dégradée, une tourmaline ou une chrysoprase chatoyante, une émeraude, une aigue-marine, un béryl, un saphir, une améthyste et une tyraméthyste ou un grenat au ton pourpre. Le diamant aurait été exclu, à moins qu'il ne remplaçât le béryl par une teinte azurescente comme il l'a par exception.

Dans une distribution d'après les vertus

magiques, ce qui avait guidé Moïse, on eût assurément commis tout autant d'erreurs que l'a fait l'auteur de l'Apocalypse, qui, en reproduisant de mémoire son rêve inénarrablement grandiose, n'avait aucune raison de poursuivre un but de cette nature.

S'il tenait seulement à conserver pour ses pierres le nombre douze et un magnifique mélange de couleurs nitescentes, il voulait surtout nous faire comprendre que, sur un plan supérieur où se réalise l'extase, où tout est rayonnant de beauté, il n'y a pas jusqu'aux pierres à bâtir qui ne puissent, qui ne doivent finalement parvenir à la plus splendide des transfigurations évoquant sans doute celle de Jésus-Christ quand, pour se laisser contempler sur un plan occulte par Pierre, Jacques et Jean lui-même, il leur apparut soudain dans la transparence d'une blancheur aveuglante.

La portée d'une pensée aussi sublime paraît avoir tout à fait échappé à l'ardente prophétesse de la doctrine attribuée ou bien même due à un prince hindou en haillons pour lequel du Beau autre que moral fut probablement le cadet des soucis.

*
* *

La science des Du Rosnel, des Berquem et des Booth, ou moins spécialement celle des Beudant et des Huet, nous a amenés à constater des phénomènes très attachants dans les pierres qui, tout en reproduisant inextinguiblement les splendeurs de la lumière céleste, constituent la quintescence des profondeurs de la terre.

Ainsi, l'hydrophane, une variété d'opale en décomposition ou demi-opale, devient transparente dès qu'on la plonge dans l'eau, tandis que, par contraste, la pierre dite « de Bologne » le devient jusqu'à luire dans les ténèbres, après avoir passé par le feu.

Eh quoi! n'aurait-on pas là sous les yeux des transfigurations de pierres ?... Ensuite, curieuses sont la myrrhite, autrefois myr-rhinite, une agate jaune qui, au frottement, répand une odeur de myrrhe, et la médée pierre noire veinée de mars, dont suinte une liqueur safranée ayant un goût de vin.

Mais quelles merveilles que les lithomorphites, mélanographites et zooglyphites, ces pierres à la surface ou dans l'intérieur desquelles sont représentées, sans que l'art y soit pour quelque chose, toutes sortes de formes reconnaissables, comme si elles y étaient esquissées ou peintes de main de maître !

Il convient de noter encore les pierres figurées ou arborisées ayant également de nature : les premières, la forme et les couleurs d'une fleur ou d'un oiseau, ou bien d'un objet très distinct; les secondes, à leur surface, des dessins de fruits, de rameaux, de lichens, de charagne et de mousse. Quant à l'uranomorphite, ses dendrites reproduisent les corps célestes ; et la sabinite porte l'empreinte exacte d'une feuille de savinier.

Puis, peut-être mieux que les gemmes, les lactescentes eupétales, victimes d'un préjugé superstitieux que pourtant rien ne justifie, ne révèlent-elles pas un être animé dans leurs feux si vivement chatoyants ? De qualité supérieure, elles sont dénommées opales noble ou à flammes, arlequine ou à paillettes, vineuse et, avec une teinte aurore, girasol, dont le cacholong de Sibérie est une variété inférieure passant pour une calcédoine opaline.

La pierre d'iris et l'iris calcédonienne ou citrine et sub-citrine, la panchre sélénite ou pierre de lune appelée aussi, dans sa nuance nacrée, hécatolithe et les pierres imitant l'œil, dites « œil du soleil », « œil de chat », « œil de bœuf », « œil de lion », « œil de tigre », « œil de serpent », etc., tout cela forme une collection de trésors à reflets mystérieux faisant songer au merveilleux inconnu, à l'occulte, à l'au-delà!!...

Le cristal de roche même, celui surtout de l'île d'Arran ou de Madagascar, qui n'a pas besoin de subir la taille du diamant pour réfléchir toutes les lueurs colorées de la prismatisation, combien n'est-il pas imposant à voir dans un de ses grands blocs! Et pourquoi ne pas l'utiliser pour des statues lesquelles, en devenant, grâce à lui, apyres, paraîtraient éthérées, idéales?

On les fait de marbre; mais il y a fagots et fagots. Le Paros et le Pentélique lychnites se cachent bien loin; le carrare n'est pas immaculé!

Chez les anciens, cette variété de roche obtenait un poli à un tel point étincelant que, pour en citer un exemple, le gardien avertissait les visiteurs d'une des sept merveilles du monde, le temple de Diane à Ephèse, monument bâti d'après les plans de Ctési-phon de Gnoss, de ne pas regarder trop fixement la célèbre statue d'Hécate, parce que ce chef-d'œuvre de Ménestrate avait, par son éclat excessif, provoqué plus d'une fois de dangereux éblouissements.

Ce sont là, n'est-il pas vrai ? de ces choses qui rentrent pour nous dans le domaine du fabuleux, et assez peu de nos contemporains seraient disposés à se plonger dans des réflexions philosophiques sur la pierre qui, de celle dite « calcaire », élément destruc-teur, ou du silex pulvérulent jusqu'à l'irra-diant et indomptable diamant, compte un si grand nombre de variétés.

.*.

Les lapidaires savants deviennent tout
aussi rares que de bons livres venant parer
d'un éclat nouveau la lithogéognosie. Je n'ai
trouvé d'attachants parmi ceux-ci que les
ouvrages, si différents par leurs thèses, de
MM. Emile Michelet, Montbarlet, Santini
de Riols et de la baronne Staffe.

Les pierres cyclopéennes, les dolmens
druidiques, les hiératiques menhirs des
Gaulois, le Stone Henge, de Salisbury, et le
Sib « Mâhâ Déva », de Bénarès, dont le culte
a survécu dans les superstitions à celui
d'Elagabale, la pierre conique d'Emèse
adorée à Rome, ne nous arrachent plus
qu'un vague sourire d'étonnement. Bien
que grisés et inassouvissablement assoiffés
de nouveauté, nous portons encore un res-
tant d'intérêt aux vieux basaltes tumulaires,
aux pierres tombales chargées d'indélébiles
inscriptions et susceptibles de ressusciter
à notre pensée un passé vivement contesté;

mais, par trop archaïques à nos yeux, les pyramides d'Egypte et même, avec elles, un aussi inappréciable initiateur que le sphinx de Gizèh suscitent de moins en moins notre curiosité.

Le plus grand aérolithe tombé sur notre planète est, autant qu'on se le rappelle, celui qui s'est brisé en fragments dans sa chute au Connecticut. Il mesurait environ six cents toises (onze cent quarante mètres) de diamètre. Et l'on en vient à se demander s'il ne va pas éclater un jour en plein Paris un bolide deux ou trois fois plus énorme, pour réduire en poussière et raser rez terre un des quartiers les plus populeux de la cité des plaisirs effrénés. La catastrophe dût-elle n'avoir d'autre dessein que celui de donner un avertissement des cieux terriblement plus éloquent que toutes les secousses sismiques et les inondations, qu'il n'y aurait en cela rien d'impossible.

Toutefois, du moment que les édifices, que des villes disparaissent sans même laisser une trace de leurs décombres, les Erostrate, les vandales, les envahisseurs barbares, les cirons de toutes sortes, ni les tremblements de terre, ne manquant point, ne manquant jamais, du moment aussi que non seulement les rochers s'effondrent, s'écroulent ou s'éboulent et que, sans les déprédations dues à la malveillance des hommes, ils arrivent à être détruits en infiment moins de temps que la terre n'a mis à se pétrifier, mais encore que des masses de dimensions gigantesques s'en détachent pour fondre par surprise, comme des avalanches, d'un globe habité sur un autre, ce n'est donc point par sa solidité toute relative que, si souvent choisie pour figure prophétique, la pierre est presque digne de vénération. C'est parce qu'elle est inlassable dans l'effort de nous rappeler, de nous inculquer le mieux du monde, si nous lui avons l'air de ne plus le savoir, que nous sommes sortis du néant et que sans nous amender, sans nous améliorer sous tous les rapports, sans nous transformer du tout au tout, nous n'écarterons pas encore de sitôt le menaçant danger d'y retomber, ni ne laisserons s'effacer en nous les vestiges de notre origine primordiale, si épouvantablement ou lamentablement humble.

En projetant des lueurs pareilles à celles des astres et du jour, la pierre précieuse nous force de remarquer, voire elle prouve qu'avec un rayon de lumière polarisée, la vie vibre en elle tout comme en nous-mêmes; elle nous en laisse aussi déduire que, s'il faut la considérer, elle, comme un enfantelet dans son berceau à travers les siècles, les âges, les cycles de l'évolution, nous ne sommes, nous, que des pierres vieilles d'un milliard bien dépassé d'années.

Saint Pierre, en nous appelant des « pierres vivantes », nous confirme cette vérité. Par ailleurs, saint Jean-Baptiste et Jésus-Christ, dans les paroles que les Evangiles ont pris le soin d'enregistrer, voulaient manifestement nous pousser à conclure que, puisque le feu extrait par nous du caillou et les bluettes éclatantes du brillant prouvent suffisamment que la pierre est un objet animé, elle pourrait même parler dans certaines conditions ; car toute lumière produit des vibrations rythmiques que, sur un autre plan, nous eussions entendues.

N'est-ce pas aussi une croyance aussi rapprochée de celle-ci qui a inspiré au sublime génie intuitif de la Grèce les mythes des temps héroïques, comme d'un côté ceux des pierres jusqu'à un tel point sensibles à l'harmonie qu'elles venaient aux accords de la lyre d'Amphion se ranger d'elles-mêmes pour former les murs de Thèbes, et des rochers marmoréens de la Thrace qui s'ébranlaient de ravissement pour les magiques chants d'Orphée ; d'autre part, celui auquel

nous devons l'histoire d'Alopex. On se re-
mémorera que ce monstrueux brigand, à
face vulpine, fut condamné pour l'éternité
par Thémis à vivre changé en pierre.

Tant que l'être humain ne parviendra pas
à faire usage, ici-bas, de ses principes su-
périeurs, à vivre par son être occulte, par
l'être spirituel triun, il ne différera de la
pierre que par les avantages obtenus seulement de son âge, que par l'expérience amas-
sée — comme la mousse par la pierre qui
ne roule pas — à l'aide de la chaîne formée
par les siècles le rattachant à l'origine commune avec le minéral. Ni l'un ni l'autre ne
sont imperfectibles et ne sauraient résister
à l'édacité du temps qui triture, qui nivelle,
qui transmue tout ce dont est composée la
Nature matérielle. Il faut qu'il s'opère en
l'homme une transfiguration semblable à
celle des pierres dans la vision de saint
Jean. Et quand la transfiguration humaine
aura eu lieu, la réalisation de cette même
vision apostolique ne manquera pas de suivre. Le temps est le père des miracles, dit
un proverbe persan.

Il est indubitable qu'un jour, si fort éloi-
gné qu'il dût être, finira quand même par
poindre, le jour où notre sens du Beau sera
de beaucoup plus développé, considérable-

ment plus affiné qu'il n'est à cette heure. Or, ce jour-là, nous ne nous pâmerons plus, il faut l'espérer, d'admiration ni devant des monuments comme ceux d'aujourd'hui dans lesquels le trachyte et la vulgaire pierre de taille aura remplacé le granit, le marbre ou le porphyre des civilisations disparues, ni — bien pire encore — au pied de prétentieuses parodies de palais en briques badigeonnés à la chaux ; mais nous exigerons sévèrement de l'architecte, en dehors du style et de la sculpture, des matériaux précieux.

Du temps de Pline, chez les Romains, incrustées dans les murs, les glaces de la grandeur de portrait d'homme en pied, étaient tout d'un morceau, très soigneusement polies à même de fines gallinaces spéculaires, pareilles à l'obsidienne des îles Lipari, à l'agate noire d'Islande ou au « miroir des Incas » que retirent des Andes les Péruviens.

Le sol, sur tous les points du globe, cèle jalousement à nos yeux des merveilles. Pourquoi les dédaignons-nous ou ne songeons-nous pas à les extraire ? C'est parce que, vient-on alléguer de toutes parts, la main-d'œuvre nous fait de plus en plus défaut ou, trop exigeante, ne se montre, par

surcroît, que fort contestablement conscien-
cieuse dans le travail. Que voulez-vous, bien
loin sommes-nous par le fait de posséder
les esclaves — soumis comme des chiens
couchants — du grand mogol Aureng-Zeyb
qui s'appropria en un tournemain l'embril-
lantée Golconde... Mais lorsque l'homme
aura appris comment adapter à tous ses
besoins les pouvoirs psychiques dont il est
doué, il saura se passer — ainsi que l'on
s'en passe sur un plan supérieur — de la
main-d'œuvre humaine. Il se fera servir,
supposons-le, par des êtres invisibles que
de fantastiques spéculations qualifient, par
exemple, de gnomes; où des faucilles,
comme celles de Simon le Magicien, mois-
sonneront toutes seules les champs.

En attendant, pour peu qu'au moins
sente-t-il déjà en soi un être spirituel, il
tressaille d'un extatique allégresse toutes
les fois qu'il aperçoit la radieuse manifesta-
tion de la vie dans la pierre précieuse !
D'une façon identique, du reste, il lui
arrive de le faire dans une atmosphère em-
baumée par les fleurs aux parfums délica-
tement suaves ou pendant la délicieuse
auditition d'une mélodie nouvelle chantée
avec non moins d'émotion que d'art, ou bien
même devant le spectacle idéal offert par

les grâces rythmées d'une Taglioni, de quelque rare émule de cette Terpsichore incarnée qui savait, nous a-t-on dit, arracher des pleurs au public de toutes les grandes capitales, en dansant pour lui les variations de Paganini sur le *Carnaval de Venise*.

.*.

C'est par une admiration enthousiaste pour les pierreries, c'est quand on les admire en artiste impressionné par le Beau que l'on est porté à en étudier les propriétés. Et dans ce cas nous apprenons, de-ci, de-là, de bric et de broc, que, soit dit en passant, en effleurant d'un ressouvenir nos connaissances diverses, comme en son vol fugace un papillon dépose ses baisers sur des fleurs ou comme machinalement, en hâte, on égrène un chapelet de perles, et nous apprenons, allais-je dire, que :

Le saphir et les pierres cyaniques, telles que la saphirine et le lapis-lazuli ou lazulithe, possèdent sérieusement le pouvoir curatif éprouvé tant sur l'ophtalmie que sur le virus rabique.

Le rubis calme la colère et conjure les fantômes.

L'émeraude active la mémoire et apaise,

comme la daphnie des anciens ou bien, dans le règne végétal, l'exquise rose péone, les crises d'épilepsie.

L'hyacinthe préserve de la peste, des contagions, de la foudre et de l'insomnie.

L'améthyste dérivée du grec *methy* (ivresse) combat radicalement la passion des spiritueux.

La topaze, dont le nom provient de « chercher », donne l'intuition vraie, la prénotion de l'avenir, l'inspiration, aussi bien qu'elle protège les femmes d'agressions outrageantes.

Le béryl trempé dans l'eau transmet à celle-ci la vertu de rendre sympathique la personne qui la boirait.

L'escarboucle purifie l'air vicié et guérit les fièvres paludéennes.

La chrysolithe, dans toutes ses variétés modernes, porte en soi, en même temps qu'un fébrifuge comme le *Gratia Dei*, un puissant remède contre les atteintes de la goutte.

La tourmaline pulvérisée pourrait être consacrée efficacement à l'usage que les anciens faisaient de l'odorant réséda, « herbe d'amour », pour le pansement des plaies, des blessures ou des piqûres d'insecte ; mais bue à jeûn dans de l'eau fraîche, elle enlève la migraine.

Semblable par sa vertu à l'alaquéca, purite des Indes, le grenat rétablit la régularité dans la circulation du sang et arrête les hémorragies, tout en communiquant la gaieté avec la confiance de l'individu en lui-même.

La turquoise passe pour un talisman contre la chute de lieux élevés ou de cheval.

L'opale est bonne pour la sécurité des voyageurs non moins que pour le succès des gens de théâtre.

Le jade, surnommé « pierre néphrétique », a raison du mal des reins ; la jaspachate, des affections du foie ; l'onyx, de l'hystérie ; le succin, du choléra, des maux de gorge et des douleurs de la dentition.

La calcédoine attire la réussite dans les affaires difficiles, met fin aux dissensions, détourne des procès.

La myrrhite, si on la glisse dans la bouche, étanche la soif et, sous son influence, on prend goût à la solitude dans le recueillement.

La memphite d'Egypte est un narcotique.

La sélénite fait contracter des relations

avec des personnes obligeantes, suggère des pressentiments ainsi que des songes prophétiques.

A son tour, destinée au même usage que le porphyre lequel, d'un brun fusionné avec le pourpre, réussit dans ses attributions à remplacer le grenat, l'ophite ou serpentine, d'un vert brun, ne se limite pas à faire cesser les épanchements du sang, encore provoque-t-elle, lorsque sa teinte verte tire sur le jaune, le sentiment de l'amour vrai, moins ardent tout de même que celui inspiré à Marc Antoine pour Cléopâtre par une perle sans prix dissoute dans du vinaigre.

A part cela :

Le diamant perd momentanément son éclat, se givre même, au contact de la main d'un traître.

L'émeraude, pierre de chasteté, se ternit au moment où la personne qui la porte est en train de commettre un écart dans les mœurs.

L'améthyste change de couleur, en passant d'un ton bleuâtre au rougeâtre et *vice versa*, pour vous avertir que vous courez un danger imminent par le poison.

La turquoise sensitive, meurt en verdissant quand son propriétaire est atteint d'un mal incurable et le corail (du grec : *korallion*, l'ornement, la plus belle production de la mer) a laissé s'accréditer la touchante croyance comme quoi il pâlit pour tout l'espace de temps que devra se prolonger l'agonie d'un ami.

Nous voilà certes nantis de bien des données ; mais nous offrent-elles le résultat inestimable d'une très persévérante observation, un résultat confirmé, selon les exigences de la critique, par le contrôle d'expériences successives ?

Voici ce que, sans le risque d'excéder imprudemment notre compétence, nous pourrions toujours répondre à cette question :

Il y a beau temps que les observations faites sur les gemmes ont été religieusement notées, et des expériences en vue d'un contrôle à ce sujet renouvelées. Au cas où sur ce chapitre et à l'appui de ce qui vient d'être avancé l'on arriverait à réunir dans un recueil les témoignages formels de gens tout à fait dignes de foi, ce recueil, gardez-vous d'en douter, ne serait pas moins considérablement volumineux que celui qui nous eût relaté des songes prémonitoires ou des apparitions d' « Esprits » fantômes.

*
* *

Il en ressortirait alors que les pierres
précieuses ne seraient en aucune façon
exclusivement destinées à des « étalages de
bijouterie », pour tenter par dessus tout les
courtisanes les plus gâtées par leurs pro-
tecteurs... mais qu'elles se révèleraient, au
fait, ni moins actives ni moins utiles que
Messieurs les membres de la Société théosophique eux-mêmes, du moment que l'élo-
quente initiatrice de ceux-ci, H. P. Blavatsky, ne tolère pour eux, suivant sa
profession de foi publiée, qu'un seul moyen
efficace de témoigner une salutaire sollici-
tude à l'humanité, celui de parler ou d'écrire
sur toutes les doctrines païennes des anciens, et plus particulièrement sur celles de
l'Inde. Car, en effet, cette remarquable initiatrice ne jurait que par les philosophiques
lumières de provenance transhimalayéenne
ou gangétique.

Cependant le fruit espéré que les masses ont recueilli de ces doctrines préconisées avec une apostolique ardeur n'est rien moins qu'enviable, ni prestigieux non plus. Tous comptes faits, à quoi, en définitive, se réduit-il, ce fruit ? A une multiplication prenant des proportions terrifiantes, une multiplication à vue d'œil, de superstitieux, de fanatiques idolâtres, par dizaines de millions affamés, indigents ou vrais parias et on ne peut plus attachés encore aux castes, à l'esclavage, à l'application de tortures barbares, à la tyrannie inévitable dans la polygamie, en un mot à l'inepte routine dans toutes les pires atrocités que, peu à peu, en Europe, le christianisme victorieux est au moins parvenu, faute de mieux, à enrayer, en les faisant poursuivre sans plus de condescendance par les rigueurs de la loi... Et c'est tout !

Ce que le cas offre d'un peu curieux, c'est que, à l'encontre d'une des plus jolies maximes recueillies dans la *Voix du silence* par l'amie et le porte-voix des mystérieux « Maîtres » hindous, « la douce fleur argentée du jasmin » peut donc fort bien « se changer en ronces et en épines... »

Mais on ne saurait se figurer, quoi qu'on en dise, un plus déplorable bilan de faillite morale !

2⁎⁎

Tandis que, en attirant par d'inéclipsables splendeurs l'admiration d'âmes intuitives, d'âmes sensibles à toutes les manifestations de la suprême et triomphante vérité dans la lumière qui contient la vie, les gemmes ne contribuent-elles pas, dans une certaine mesure, à l'évolution de l'humanité ? La certitude en est acquise : elles le font, ne fût-ce qu'en réveillant par là en nous l'inté‧rêt le plus vif aussi bien pour le Beau que pour les produits directs, immédiats de la terre. Or, les entrailles bénies de celle-ci, ses maternelles entrailles ne se lasseront jamais de nous procurer, avec les richesses et les remèdes nécessaires à la conservation de la santé, un nombre infini de trésors élevant au-dessus de la réalité, aussi impla‧cablement prosaïque que décourageante, le libre élan de la pensée.

Et si, fidèle à sa manière de s'exprimer en adages ou en dictons, la vénérée sagesse du peuple nous a fait dire avec succès : « Malheureux comme les pierres », c'est que véritablement elles souffrent puisqu'elles vivent, condamnées qu'elles sont sans misé‧ricorde à une destinée douloureuse et pres‧que triste, ainsi, du reste, ainsi, hélas ! que tout ce qui végète, respire ou existe, que tout ce qui vit ici-bas !...

Malgré tout cela, pourtant, à quelque chose malheur étant immanquablement bon, heureuses sous un point de vue spécial, et bien s'entend à leur manière, les pierres le sont en ce sens qu'à elles du moins il est donné de pouvoir suivre à leur aise le précepte sublime entre tous de Gautama Bouddha, le grand Maître initiateur précisément le plus exalté par la désapprobatrice de ce même saint Jean que Napoléon, si je ne me trompe, a surnommé le Corrège des évangélistes. Et ce précepte dit : « Vivre dans le monde sans faire aucun mal à ce qui vit. »

Car voyez même ces pures, ces paradisiaques délices que sont les végétaux : n'y en a-t-il pas plus d'un, sinon beaucoup, que la puissance d'une fatalité inconcevable pour l'entendement des simples mortels oblige bien à se rendre pernicieux et funestes, en distillant un venin léthifère ? Chose que, dans leur parfaite innocuité, les pierres d'aucune sorte ne font jamais !

INDEX LITHOLOGIQUE

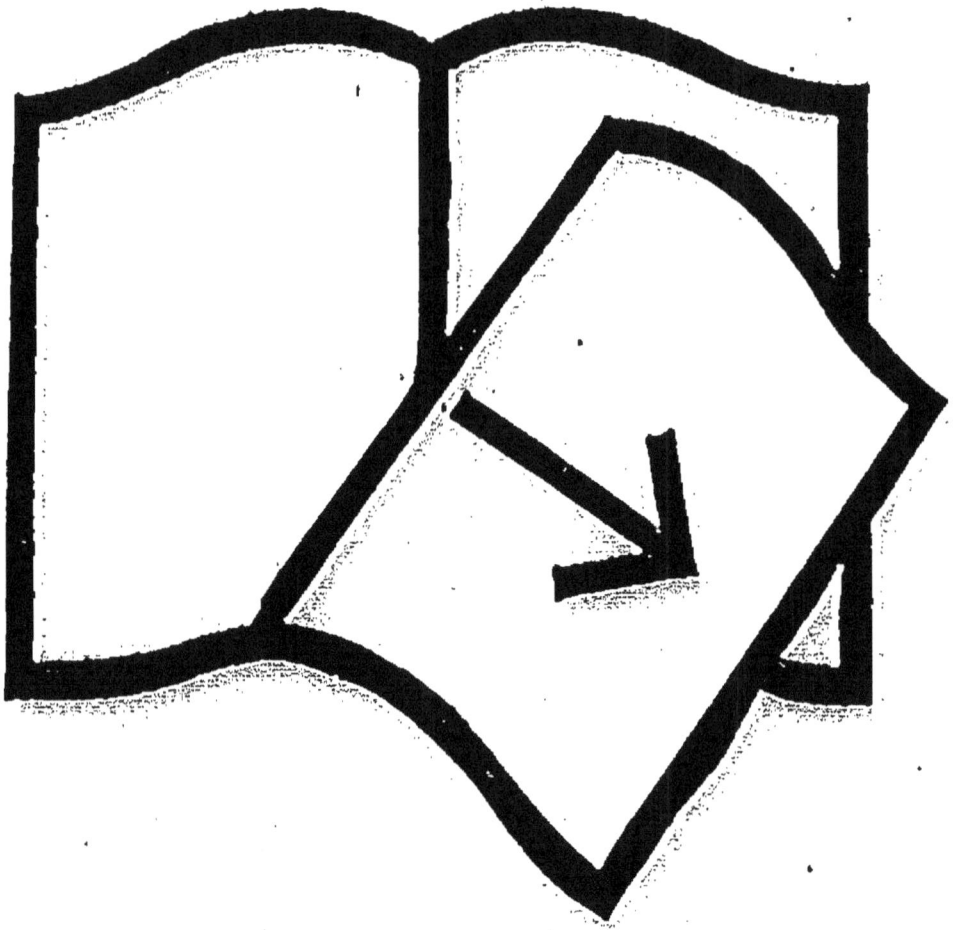

Documents manquants (pages, cahiers...)
NF Z 43-120-13

www.ingramcontent.com/pod-product-compliance
Lightning Source LLC
Chambersburg PA
CBHW070909280326
41934CB00008B/1654